Preparaciones culinarias a base de pescados y mariscos

avanza editorial

Editado por:
EDITORIAL FAE, S.L.U.
Correo electrónico: editorial@editorialfae.com

Preparaciones culinarias a base de pescados y mariscos
Susana Martín Ramírez

1ª Edición

ISBN:

Impreso en España

Presentación

Ficha técnica del curso

El presente manual desarrolla el contenido teórico de la acción formativa "Preparaciones culinarias a base de pescados y mariscos" incluida en **FUNDAE** con código **HOTR07** en la familia profesional de Hostelería y turismo y dentro del Área Profesional de "Restauración".

La acción formativa cuenta con una duración de 12 horas y su contenido está estructurado en un módulo formativo que se distribuye según lo expuesto en el siguiente índice.

Presentación

Índice

Módulo 1. Preparaciones culinarias a base de pescados y mariscos

Módulo 1. Preparaciones culinarias a base de pescados y mariscos

Introducción

Tanto el pescado como el marisco en España llega a los distintos puertos ya refrigerado ya que en cuanto se pesca se coloca en hielo, dependiendo del trato que reciba en los barcos y después en el transporte el producto será de mejor o peor calidad ya que el pescado debería consumirse en el momento que es pescado.

En este momento, si el pescado no está enfermo, está en perfectas condiciones para consumirlo, aunque tiende a deteriorarse mucho más rápido que otras especies animales. Sus intestinos están llenos de bacterias, por lo que es imprescindible que se conserve sin romper la cadena de frío.

Objetivos

- Conocer la presentación y clasificación comercial de los pescados y mariscos.
- Aprender a despiezar y preelaborar pescados y mariscos para las distintas preparaciones culinarias.
- Saber elaborar y presentar preparaciones culinarias a base de pescados y mariscos.
- Saber supervisar preparaciones culinarias a base de pescados y mariscos.

1. Conocimiento de la clasificación y presentación de los pescados y mariscos e identificación de las características de frescor del pescado y marisco

El **Código Alimentario Español** considera a los pescados como "animales vertebrados comestibles, marinos o de agua dulce (peces, mamíferos, cetáceos y anfibios) frescos o conservados por distintos procedimientos autorizados".

También define a los mariscos como "animales invertebrados comestibles, marinos o continentales (crustáceos y moluscos), frescos o conservados por distintos procedimientos autorizados".

1.1. Clasificación, características y usos culinarios

Antes de realizar una clasificación conviene tener en cuenta algo fundamental que es saber detectar una serie de elementos de su fisonomía que permiten identificar un **pescado fresco** de otro que no lo es. En la siguiente tabla pueden distinguirse con claridad.

Pescado fresco	Pescado no fresco
• Aroma ligero y agradable • Aspecto brillante (reflejos metálicos e irisados). • Escamas fuertemente adheridas y brillantes. • Cuerpo rígido, de consistencia firme y elástica. • Ojos transparentes y vivos. • Branquias brillantes en tono rosa o rojo • Vísceras limpias y brillantes. • Columna vertebral pegada y que no se desprende con facilidad. • Carne firme (blanca o rosada) y con reflejos nacarados.	• Olor desagradable, ácido y amoniacal. • Ausencia de brillo general en la pieza. • Escamas que se desprenden fácilmente. • Cuerpo blando que, al tocarlo, se queda marcado. • La piel se presenta decolorada y está despegada de la carne. • Presenta ojos vidriosos y sin brillo. • Sus branquias pegajosas y grisáceas. • Las vísceras están hinchadas. • La columna vertebral se separa fácilmente de la carne. • Carne de coloración rojiza que se va volviendo más marrón conforme se acerca a la columna.

 **Importante**

Un pescado de calidad depende de factores muy diversos:

- Su especie (un rape es más valioso que una sardina, por ejemplo).
- El medio en el que se desarrolla (si se trata de aguas más frías, rocosas, mar o río).
- La alimentación que ha tenido a lo largo de su vida.
- La edad y la época en que se produce el desove de cada especie-
- La técnica con la que se ha pescado, que en unas especies es más agresiva que en otras.
- Sus condiciones de almacenaje, transporte y venta.
- La forma de conservarlos y comercializarlos
- La forma de preelaborado y cocinado.

Todos los tipos de pescados (blancos, semigrasos o azules) se clasifican en **categorías extra, A, B y no apto**. Estas categorías se aplican a los pescados en función de su frescura siendo la categoría extra la que mejores condiciones de frescura presenta.

En el mercado el pescado puede adquirirse de las siguientes formas:

- Los **pescados vivos** generalmente suelen provenir de piscifactorías o granjas, o algunos que hayan sido capturados mediante algún sistema de pesca selectiva. Este tipo de venta cada vez está siendo más demandada por el consumidor.

- Los **pescados frescos** son aquellos, que justo después de su captura, han sido conservados, normalmente en hielo y en refrigeración, a temperaturas cercanas a los 0 ºC. Estos pueden adquirirse al peso envasados en bandejas ya limpios y cortados. Deben conservarse refrigerados entre 0 y 2 ºC.

- Los **pescados conservados** son aquellos que han sido sometidos a algún sistema o método de conservación, para prolongar su tiempo de consumo. En la siguiente tabla se explica cada método de conservación.

Sistema de conservación	Descripción
Congelado	El pescado congelado se adquiere envasado en bolsas, cajas de cartón, bandejas o envuelto en plástico de forma individual.
Ahumado	El pescado ahumado suele estar envasado al vacío y refrigerado. También se puede adquirir enlatado.
Salado o secado	Se conserva refrigerado y para poder consumirlo debe ser desalado previamente en agua.
Conservas enlatadas	En escabeches, aceite y otros líquidos de conservación. Las conservas se presentan en cristal o latas y pueden conservarse en lugares frescos o secos o bien en refrigeración (si se trata de anchoas, por ejemplo).

La clasificación del pescado puede hacerse en base a muy distintos criterios (procedencia, forma, tamaño, etc.), pero desde el punto de vista culinario y nutricional, la más utilizada atiende al contenido graso que contienen. Pueden clasificarse en tres grandes grupos.

A. Pescados blancos

Este tipo de pescados presentan un contenido graso máximo del 2%, y resultan muy fáciles de digerir. Tienen un alto contenido en gelatinas y sales minerales. Entre ellos se encuentran, el abadejo, el lenguado o la merluza, entre otros.

1. Merluza

Presenta un cuerpo alargado y escamas pequeñas. Su piel es de color gris plateado en el lomo y más blanca conforme se acerca al abdomen. Las cavidades bucal y bronquial son de color negro brillante. No suelen encontrarse ejemplares de más de un metro de longitud o que pesen más de diez kilos. Las piezas de menos de dos kilos reciben el nombre de pescadilla o pescada (las de menor tamaño son también llamadas pescadillas de ración).

Viven en el Atlántico y se pescan tanto con anzuelo (las de mejor calidad) o con redes de arrastre. En España las de mejor calidad proceden del Cantábrico.

Es uno de los pescados más apreciados comercialmente. Pueden cocinarse: a la romana (frita), en salsa, hervidas, al horno, a la parrilla. Una parte de la merluza de gran calidad y aceptación son las **cocochas** rebozadas y fritas o en salsa verde.

Fig. 1. Merluzas frescas en hielo

2. Lenguado

Su forma es ovalada y aplanada, con los dos ojos en su zona derecha. Sus aletas del pecho están muy desarrolladas. La parte del cuerpo que recibe los rayos solares es más oscura o gris y la que esta debajo y no recibe luz es de color blanco.

Sus carnes son muy finas, tersas y sabrosas siendo muy apreciadas.

El lenguado de la variedad "migoso", se desarrolla en aguas menos frías y su calidad es menor porque la carne es menos sabrosa y tersa.

Se encuentran sobre todo en el Atlántico, Cantábrico y en el Mar del Norte, los de mejor calidad se pescan en aguas más frías.

Este pescado admite casi todos los tipos de cocinado: a la parrilla, frito, rebozado, escalfado en popietas, etc.

Fig. 2. Lenguado

3. Abadejo

Tiene una fisonomía parecida a la del mero el cuerpo es más alargado y comprimido. Tiene una coloración parda y entre 5 y 6 rayas longitudinales que se van decolorando conforme crecen. Su carne es magra, sabrosa y poco grasa.

Pueden capturarse con anzuelo o redes. Y la pesca se realiza desde el norte de África hasta Noruega, siendo este último el país de mayor producción.

Sus formas de cocinado son todas las aplicables a la merluza y al bacalao.

 **Saber más**

Tanto el abadejo como el bacalao pertenecen a la misma familia, por tanto, su fisonomía es similar y pueden confundirse. No obstante, el abadejo presenta un mayor nivel de grasa. El abadejo es uno de los pescados que se utiliza para elaborar el surimi o los palitos congelados.

B. Pescados semigrasos

Estos pescados tienen un contenido en grasa que oscila entre el 2 y el 5%. En este grupo se incluyen el besugo, la dorada o el rape, entre otros.

1. Rape

De tronco en forma de cono, presenta una característica fisonómica principal es su gran cabeza aplastada, formada por una gran boca de dientes muy afilados. Su piel es marrón grisácea y verrugosa y no presenta escamas.

Puede medir entre 40 y 60 cm pudiendo alcanzar el metro y medio. El peso máximo que puede alcanzar oscila entre 30 y 40 kg.

Se encuentra en todos los mares y a todas las profundidades. Se captura con redes de arrastre y palangres (cables con muchos anzuelos).

Al contar con una carne blanca, sabrosa, firme y carente de espinas (cuenta con cartílagos) admite gran variedad de formas de elaboración: cocido, a la brasa, en salsa, al horno, en salpicón, como ingrediente principal de sopas y arroces, etc.

2. Dorada

Su forma es ovalada, alta y aplanada lateralmente. La piel es plateada y presenta una banda dorada frontal que lo identifica. Posee una gran mandíbula con dientes muy fuertes y cónicos. Su longitud máxima es de un metro y peso de unos cuatro kilos. Puede alcanzar un peso máximo de cuatro kilos y hasta un metro de longitud, aunque la mayoría de los ejemplares suelen ser de menor tamaño (doradas de ración).

Se pesca en zonas rocosas sobre todo en el Mediterráneo. Una gran parte de la producción de dorada en la actualidad procede de piscifactorías.

Se prepara de las mismas formas que el besugo, pero su mayor aceptación es "a la sal".

Fig. 3. Besugo

3. Besugo

De cuerpo redondeado y aplanado lateralmente, presenta una piel de color rojizo con el lomo blanqueado en la zona del vientre. Tiene una característica mancha negra que posee al inicio de la línea lateral, que suele no suele estar en los ejemplares más jóvenes. Puede llegar a alcanzar una talla máxima de 70 centímetros, aunque la mayoría de los ejemplares no superan los 35 centímetros.

Se suele pescar con redes de arrastre y con anzuelo, este último método es más apropiado. La mayoría de la producción procede de la costa andaluza.

En la gastronomía de nuestro país aparece cocinado de muy diversas formas tanto al horno como a la parrilla o a la sartén.

 Saber más

Algunos pescados como el rape o el mero tienen una alimentación exclusivamente carnívora, es decir, se alimentan de otros peces de menor tamaño e incluso moluscos y crustáceos. Para ello cuentan con dientes muy afilados y espinas que pueden contener veneno que les sirve para inyectar a sus víctimas y cazarlas.

C. Pescados azules

Los pescados azules superan el 6% de contenido graso. Sus carnes son de color más marrón, y son más sabrosos, pero su inconveniente es que hacen la digestión más pesada. En este grupo se incluyen la sardina, el salmón o el atún, entre otros.

1. Atún

De cuerpo alargado y en forma de huso, es decir, ancho en el centro y más estrecho hacia los lados, con la cabeza larga, boca puntiaguda y grandes ojos. En cuanto a su color el dorso de la piel es azul oscuro, los flancos son azul grisáceo y el vientre es blanco-plateado. La carne presenta un color rojo muy característico. Puede llegar a medir de 100 a 120 cm de longitud y pesar hasta 30 kg.

Al tener una carne muy grasa, la mayoría de su carne se destina a conserva. También se comercializa seco y en salazón, recibe el nombre de "mojama". Las huevas también se conservan secas y en salazón y destacan por su elevado precio en el mercado. También se comercializa fresco o congelado, en conserva o semiconserva.

Se pesca, principalmente en el sur, con la técnica de la almadraba que es una forma de captura mediante redes que se practica desde hace muchos siglos y que es menos agresiva. También se pesca con anzuelo y con otro tipo de redes.
Desde el punto de vista culinario se puede elaborar de muy diferentes formas: a la plancha, salteado, marinado, en guisos acompañado de patatas (marmitako), etc.

2. Salmón

Posee una cabeza pequeña y es muy reconocible su lomo azul plateado con motas oscuras y sus flancos y abdomen plateados. Su carne es anaranjada, muy sabrosa y cuenta con un alto porcentaje de grasa. Los machos pueden alcanzar un máximo 1,5 metros de longitud y 36 kg de peso.

El salmón que se consume hoy en día viene de criaderos y principalmente de Noruega. Hace años se podía pescar en nuestro país, pero prácticamente han desaparecido por la sobrepesca y la contaminación.

Gran cantidad del salmón que se consume en la actualidad se presenta ahumado o marinado. Si se adquiere fresco o congelado se puede asar a la parrilla o cocinarse en caldo corto.

Fig. 4. Salmón

3. Sardina

Presenta un cuerpo alargado y aplanado lateralmente. Su dorso tiene una tonalidad que va del azul al verde oliva, con unas manchas negras que disminuyen de tamaño conforme se acercan a la cola y su vientre plateado. Debe tener treinta escamas sobre una línea longitudinal media. No suele sobrepasar los 25 cm. La carne, al igual que la del salmón y el atún es muy sabrosa y rica en grasa.

Hay dos subespecies: la atlántica y la mediterránea, la primera de mayor tamaño. Casi siempre se encuentra en bancos y es muy abundante en las aguas cálidas.

En los países del sur de Europa y norte de África es un pescado que se consume mucho (porque hay bastante cantidad) y tiene un precio de venta relativamente bajo.
Se comercializa fresca, congelada, en conserva y en salazón. Su método de cocinado más utilizado es a la parrilla, fritas, en empanadas etc.

Fig. 5. Sardinas frescas

2. Identificación de las características de frescor del pescado y marisco y presentaciones en el mercado

Para identificar las características de frescor del pescado y marisco, es fundamental prestar atención a varios aspectos sensoriales, ya que estos productos son altamente perecederos.

2.1. Características de frescor del pescado y marisco

Las características de frescor del pescado son las siguientes:

- **Olor**: El pescado fresco debe tener un olor suave y marino, a agua salada. Si huele a amoníaco o tiene un aroma desagradable, indica deterioro.
- **Apariencia**: La piel del pescado debe estar brillante, con escamas bien adheridas y de aspecto metálico. Un pescado con una superficie opaca o escamas sueltas no es fresco.
- **Ojos**: Los ojos deben ser claros, brillantes y llenos. Ojos hundidos o de aspecto opaco indican que el pescado está perdiendo frescura.
- **Branquias**: Las branquias deben ser de color rojo brillante o rosado y húmedas. Si son grises, marrones o están secas, el pescado no es fresco.

- **Textura**: Al tocar la carne, debe ser firme y elástica, recuperando su forma al presionar. La carne blanda, que no vuelve a su posición, es señal de deterioro.
- **Color de la carne**: La carne debe tener colores naturales, dependiendo del tipo de pescado, pero en general debe ser uniforme y brillante. Cualquier tono grisáceo o decoloración es signo de que el pescado no está en su mejor estado.

Las características de frescor del marisco:

- **Olor**: Al igual que con el pescado, el marisco fresco debe oler a mar. Si huele fuerte o tiene un olor similar al amoníaco, está en mal estado.
- **Cáscara**: En los moluscos (mejillones, almejas, ostras), las conchas deben estar cerradas o cerrarse al ser manipuladas. Si las conchas están abiertas y no responden al toque, el molusco está muerto y no debe consumirse.
- **Color y textura**: En crustáceos como camarones, langostas y cangrejos, la carne debe ser firme y de colores vivos, sin manchas negras o decoloración.
- **Condición del caparazón**: El caparazón de crustáceos debe estar completo y duro. Si está blando, indica que el animal ha mudado recientemente y la carne puede ser de calidad inferior.

Es importante tener en cuenta que los mariscos se clasifican en dos grandes grupos:

- **Moluscos**: son animales invertebrados, los cuales tienen un cuerpo blando, que, en algunos casos, está cubierto por una (univalvos o gasterópodos) o dos conchas (bivalvos) o sin ella (cefalópodos). Algunos ejemplos de molusco son: almejas, berberechos, mejillones, caracoles, calamares, potas, pulpo, etc.

- **Crustáceos**: su cuerpo está recubierto por un caparazón, también denominado **cefalotórax**, y un abdomen que también tiene caparazón, pero se divide en segmentos articulados. Este caparazón crece a medida que el animal se desarrolla. La gran mayoría de ellos tienen patas y las dos primeras suelen ser pinzas. Pueden ser de cuerpo alargado (gamba, bogavante o cigala) o corto (cangrejo, centollo o buey de mar).

2.2. Presentaciones en el mercado

El pescado, al igual que el marisco, puede encontrarse en el mercado en diferentes presentaciones: fresco, congelado, en salazón o en conserva. Dependiendo del tipo de pescado y su forma de captura o cultivo, la comercialización varía. A continuación, se describen algunas de las especies más populares.

- **Merluza:** Es uno de los pescados blancos más consumidos. Tiene un cuerpo alargado y estilizado, con una piel de color gris plateado en el lomo y blanca en el vientre. Se captura en aguas del Atlántico y del Mediterráneo, y también existen variedades de cultivo. La merluza se puede comercializar fresca, congelada o en conserva. En la cocina, se puede preparar de múltiples maneras: al horno, a la plancha, cocida o frita, y forma parte de platos tan tradicionales como la merluza a la koskera o en salsa verde.

- **Sardina:** Pescado azul de pequeño tamaño, de cuerpo fusiforme, con escamas de color plateado y un lomo de tonalidades verdosas o azuladas. Es muy rica en ácidos grasos Omega-3, lo que la convierte en una opción saludable. Las sardinas suelen capturarse en aguas del Atlántico y del Mediterráneo, y se comercializan frescas, en conserva (principalmente en aceite o escabeche) y congeladas. En la gastronomía, se consumen asadas (en espetos), a la plancha o fritas, y son un ingrediente esencial en platos como las sardinas en escabeche o la "sardinada".

- **Atún:** Uno de los pescados más apreciados y de mayor valor en el mercado. Existen diversas especies, siendo el atún rojo y el atún blanco (bonito del norte) las más populares. Su cuerpo es grande, fusiforme, y tiene una piel de color azul oscuro en el dorso y plateado en el vientre. Se captura principalmente en aguas del Atlántico y del Pacífico, y también en zonas del Mediterráneo. Se comercializa fresco, congelado o en conserva, especialmente en aceite de oliva. El atún es muy versátil en la cocina y puede consumirse crudo (como en el sushi o sashimi), a la plancha, o formando parte de guisos y ensaladas.

- **Bacalao:** Pescado blanco de carne firme y sabor delicado. Tiene un cuerpo alargado y cubierto de escamas pequeñas, con un lomo de color verde oscuro y un vientre blanco. Tradicionalmente, el bacalao se captura en aguas frías del Atlántico Norte, aunque también puede encontrarse en cultivo. Se comercializa fresco, congelado y, muy especialmente, en salazón. En la cocina, el bacalao es conocido por su versatilidad y puede cocinarse a la parrilla, al pil-pil, en guisos o en croquetas.

El marisco, al igual que el pescado, puede comercializarse vivo, fresco, congelado o en conserva.

A. Moluscos

- **Mejillón**: es un molusco bivalvo cuya concha, con forma alargada, tiene un color que va del azul oscuro al negro. Puede capturarse en roca de forma natural o bien en bateas (cultivados). Suelen encontrarse en aguas del Atlántico y el mediterráneo. Se comercializan vivos y en conserva, y sus formas de cocinado son muy variadas: al vapor, a la marinera, en salsa, etc.

- **Almeja**: de forma salvaje se desarrolla en la arena, aunque también existen criaderos. En España son muy famosas las de carril, procedentes de Galicia, aunque hay muchas variedades. Se comercializa viva o en conserva. Procede del Atlántico y del Cantábrico y su precio varía según el tamaño. Se consume cruda, al limón, o cocinada en salsas tanto como guarnición como plato.

- **Calamar**: se trata de un molusco cefalópodo que posee un cuerpo esbelto y cilíndrico. Es de color rosado o crema con algunas manchas de color marrón y a sus lados se abren dos aletas con forma de triángulo. Su cuerpo se mantiene recto gracias a que cuenta con un cartílago transparente en su interior. En su interior también se alberga la tinta. La cabeza tiene dos ojos de gran tamaño y de ella parten los tentáculos, de ahí el nombre de cefalópodos (pies en la cabeza).

Algunos ejemplares pueden alcanzar los 50 centímetros, pero normalmente son de menor tamaño. Vive en aguas del Atlántico y del Mediterráneo. Se cocina de diferentes maneras, en función de su tamaño: los más pequeños (chopitos) se fríen enteros o se pasan por la plancha, Los medianos se cocinan rellenos de alguna farsa y los más grandes se hacen tiras o porciones y se fríen o forman parte de elaboraciones con arroz.

Fig. 6. Almejas frescas

B. Crustáceos

- **Gamba**: crustáceo de cola alargada y aplanada, posee un caparazón débil y carne muy sabrosa. La variedad de especies es muy amplia pero las más comercializadas son la roja de Levante y la blanca de Huelva. Se suelen cocinar cocidas, a la parrilla, al ajillo, en buñuelos y formando parte de arroces.

- **Bogavante**: de forma similar a la langosta y de grandes dimensiones. Los que se capturan en Europa, en el Atlántico, son de color azul violáceo o verdoso; su tórax tiene forma ovoide y posee dos grandes y poderosas pinzas. Su carne es blanca, compacta y menos delicada que la de la langosta, aunque muy sabrosa. Se comercializa vivo, congelado y a veces cocido. Se elabora cocido, a la parrilla, en salsa, en arroces y ensaladas.

- **Cangrejo de mar**: se les denomina con este nombre a diversas especies de crustáceos que presentan un abdomen reducido, replegado bajo un caparazón muy rígido y grueso, con tonalidades que oscilan entre el verde, marrón e incluso azul. Suelen comercializarse vivos y se consumen hervidos o como ingredientes de salsas y bisques.

Fig. 7. Cangrejos azules vivos

 **Anotación**

La palabra bisque define una crema o sopa de crustáceos que se puede elaborar con langostas, cangrejos o carabineros. Se suelen saltear las piezas enteras con mantequilla, que sueltan todos sus jugos. Después se le añaden verduras cortadas, vino blanco y elementos aromáticos. Para que se vuelva más espesa se suele ligar con arroz o algún espesante. Para aportarle más cremosidad se le añade nata.

3. Conocimiento de los pesos del pescado y marisco para elaborar una receta

Para cocinar pescado y mariscos, es útil conocer los pesos aproximados que necesitas para cada persona, ya que las porciones varían según el tipo de producto y su preparación. A continuación, se explican los pesos más comunes.

Cuando cocinas pescado entero (incluyendo cabeza, piel y espinas), como un rodaballo, lubina o dorada, una gran parte de su peso es no comestible. Por eso, se recomienda calcular 300-400 g por persona. Esto asegura que, tras limpiarlo y deshuesarlo, obtendrás suficiente carne para una porción de 150-200 g netos.

Para una comida de 4 personas con pescado entero al horno, necesitarías un pescado de entre 1.2 y 1.6 kg.

Cuando se trata de filetes de pescado, los filetes ya están limpios, sin espinas ni piel, por lo que su peso corresponde casi totalmente a la cantidad de carne que se servirá. Para una porción de filete, lo ideal es calcular entre 150 y 200 g por persona, dependiendo de si es el plato principal o parte de un menú con varios platos.

Para 4 personas, serían necesarios entre 600 y 800 g de filetes de pescado, como el lenguado, merluza o salmón.

Si estás preparando un guiso, sopa o caldo con pescado, la carne suele reducirse un poco durante la cocción, así que conviene aumentar ligeramente la cantidad. Se estima que unos 200-250 g por persona son suficientes, dependiendo de si también lleva otros ingredientes como patatas, verduras o marisco.

Para una sopa de pescado para 4 personas, serían necesarios 800-1000 g de pescado (que puede incluir una mezcla de varios tipos, como rape, merluza o congrio).

Los mariscos, debido a su variedad en tamaño, estructura y contenido, requieren una estimación precisa de peso para ajustarse a la cantidad de comensales y el tipo de plato que desees elaborar, ya sea un entrante, un plato principal o una guarnición.

A continuación, se determinan las cantidades correctas de mariscos, considerando tanto sus versiones enteras como ya limpias y preparadas para el consumo.

- **Camarones y gambas**. Varían en tamaño, pero como referencia, si son medianos o grandes (sin pelar), lo recomendable es entre 150 y 200 g por persona. Si ya están pelados, la cantidad baja a 100-150 g, ya que el peso de la cáscara se descarta.

Para un cóctel de camarones para 4 personas, necesitarías entre 600 y 800 g de camarones enteros, o entre 400 y 600 g pelados.

- **Langostinos**. Los langostinos suelen ser más grandes que las gambas, y en platos principales se estima entre 200 y 250 g por persona (sin pelar). Al igual que los camarones, si ya están pelados, puedes reducir la cantidad a 150-200 g por persona.

Para 4 personas en una parrillada de mariscos, necesitarías entre 800 g y 1 kg de langostinos enteros.

- **Mejillones**. Los mejillones se suelen servir con cáscara, lo que aumenta el peso total necesario para cada porción. Para una comida principal basada en mejillones, calcula entre 250 y 300 g por persona (con concha). Si es un aperitivo o parte de un plato mixto, puedes reducir la cantidad a 150-200 g.

Ejemplo

Para una cazuela de mejillones para 4 personas, necesitarías entre 1 y 1.2 kg de mejillones con cáscara.

- **Almejas**. Las almejas, al igual que los mejillones, incluyen su concha, por lo que necesitarás entre 250 y 300 g por persona para un plato principal. Para aperitivos o guarniciones, 150-200 g serán suficientes.

Ejemplo

Para un plato de almejas al vapor para 4 personas, se necesitarían entre 1 y 1.2 kg de almejas con concha.

- **Calamares**. Los calamares suelen cocinarse enteros o en anillas, y una porción típica es de 150-200 g por persona si son el plato principal. En recetas como la paella o la fideuá, en las que los calamares se combinan con otros ingredientes, la cantidad se puede reducir a 100-150 g por persona.

Ejemplo

Para un plato de calamares a la plancha para 4 personas, necesitarías entre 600 y 800 g de calamares.

4. Conocimiento de los cortes propios y racionado de los pescados y mariscos

En el caso de los pescados y mariscos, debido a su naturaleza, deben tener una zona perfectamente diferenciada del resto de los alimentos para su preelaboración ya que hay ciertas operaciones como el eviscerado o el escamado de las piezas que generan mucha suciedad y olores desagradables.

Antes de comenzar con las preelaboraciones, el cuarto frío debe prepararse. Para ello, se dispondrá de varios cuchillos: puntilla, cebollero, media luna y fileteador, para diferentes usos, y de herramientas tales como: desescamador, cepillo y tijeras.

4.1. Cortes propios y racionado de los pescados y mariscos

Los principales cortes o porciones de pescado que se utilizan en pescados para su posterior cocinado se muestran en el siguiente cuadro:

Tipo de corte		Descripción
Pescado de ración		Piezas de 200 a 250 gr sin limpiar, se pueden presentar con piel y con cabeza o sin ellas.
Pequeñas piezas sin cortar		Son aquellas piezas muy pequeñas que se cocinan enteras después de haberse limpiado.
Piezas para buffets		Varios tipos de pescado de gran tamaño que se cocinan enteros y se presentan también enteros, específicos para buffet.
Pescados troceados	**Trancha**	Corte vertical de unos 200 a 250 gr de peso con o sin la piel y con la espina central.
	Rodaja	El mismo corte que el anterior, pero se utiliza cuando los pescados son redondos.
	Suprema	Se obtienen después de haber sacado los dos lomos de un pescado, retirando la espina. Se cortan en porciones de 150 a 175 gr con el cuchillo ligeramente inclinado para que el corte salga sesgado. Pueden espalmarse entre dos plásticos después para obtener el mismo grosor entre ellas.
	Medallón	Se extrae de los lomos de pescados cilíndricos desespinados. Se cortan pequeñas porciones de 50 a 75 gr dándoles forma discoidal.
	Filete	Se aplica a los pescados planos, se obtienen cuatro trozos sin espinas.
	Darné	En España se conoce como darné la pieza de la región central del pescado hasta el orificio genitourinario. En Francia se denomina con este nombre a una trancha o rodaja bridada, para que no pierda su forma.

Los mariscos por su especial fisonomía no cuentan con cortes específicos, pero en función de su aplicación culinaria se pueden presentar divididos en porciones. Los crustáceos de gran tamaño como las langostas se pueden trocear una vez quitada la cáscara, siguiendo los distintos segmentos del caparazón o bien de manera longitudinal y dividir la pieza en porciones. Algo similar ocurre con moluscos cefalópodos de gran tamaño como los calamares que se pueden trocear en aros, dados o tiras para ciertas elaboraciones.

5. Manipulado de las piezas de pescado y marisco siguiendo la normativa higiénico-sanitaria

La limpieza del pescado debe realizarse de forma rápida en el momento en que se reciben y tal y como se ha dicho en una zona separada, fría y que pueda limpiarse y desinfectarse con facilidad.

El pescado se debe limpiar siguiendo los siguientes pasos:

1. **Retirada** de las aletas, dorsales, laterales, ventrales y hermoseado de la cola. Para ello se deben utilizar tijeras específicas para pescado.

2. **Escamado** (en los ejemplares que lo necesiten). Puede utilizarse un desescamador o un cuchillo que no esté muy afilado. Hay que raspar en sentido inverso a la dirección de las escamas para que estas se desprendan con facilidad de la piel. Una vez terminado este paso hay que lavar la pieza con abundante agua fría.

3. **Eviscerado**, bien por las tapas que protegen las branquias (opérculos) o mediante una incisión en el vientre. Las vísceras hacen que el pescado se descomponga más rápido, por lo que se le deben retirar de inmediato (excepto si se van a preparar a la sal). Una vez realizada la incisión desde el extremo anal a la cabeza, se extraen todas las vísceras dejando la zona limpia y se lava con agua muy fría. Algunas partes como las huevas se deben reservar ya que se aprovechan para algunas elaboraciones.

Si la elaboración del pescado lo necesitase, se **extrae la cabeza** del resto del cuerpo cortándola por debajo de las branquias, a la altura de las vértebras. Algunas elaboraciones o ciertos ejemplares también necesitan que se les extraiga la piel. Esto se hará partiendo de la cabeza hacia abajo, tirando y con la ayuda de un cuchillo.

Fig. 8. Opérculo y branquias de la cabeza de un pescado

5.1. Manipulación correcta para elaborar platos de pescado y mariscos

Cada tipo de marisco necesitará una limpieza específica dependiendo de si se trata de moluscos o crustáceos.

A. Limpieza de crustáceos

Un crustáceo fresco necesita una mínima limpieza en el caso de tener algún elemento adherido como algas o restos de arena, que se limpiará con un cepillo si se trata de grandes piezas como una langosta o un bogavante. Una vez que se han enjuagado bien en agua se les puede quitar o no la cabeza y las cáscaras y reservarlas para otras elaboraciones (fumets). Se comienza quitando la cabeza y después haciendo una leve incisión en el lomo para retirar un hilo negro que contienen que es el intestino. Del abdomen hay que extraer el coral y algunas partes cremosas que contienen que se pueden utilizar para hacer salsas ya que tienen un sabor muy intenso.

B. Limpieza de moluscos

El molusco bivalvo que trae más suciedad del mar es el mejillón ya que en su concha tiene adheridos muchos elementos, restos de algas, parásitos, etc. que se deben extraer hasta dejarla limpia. A las almejas, navajas o coquinas hay que retirarles los restos de arena que traen en su interior, sumergiéndolas en agua con sal. Algunos ejemplares que se consumen crudos como las ostras o las vieiras cuentan con unos intestinos de sabor muy amargo que también hay que retirar antes de su consumo.

Los cefalópodos tienen una fisonomía completamente distinta a los bivalvos por lo que su limpieza es completamente diferente. En ejemplares como el calamar se comienza separando la cabeza del cuerpo, retirando después la pluma o concha interna y los intestinos. Después desprendiendo la boca de la cabeza y finalmente limpiando los tentáculos. Cuando la pieza está totalmente lavada se porcionará si fuese necesario para su elaboración posterior.

 **Saber más**

Ciertos ejemplares de moluscos cefalópodos como el pulpo, una vez limpios, deben congelarse para que la carne se ablande, ya que con el congelado se rompen las fibras de los músculos y se vuelven más tiernos.

6. Pre-elaboración correcta de pescados y mariscos

Para la preparación del pescado se deben seguir las siguientes recomendaciones:

- Descongele el pescado congelado poco a poco y suavemente en el frigorífico, se puede hacer más deprisa metido en una bolsa hermética metida en un recipiente con agua helada. No descongele a temperatura ambiente, que favorece el crecimiento de bacterias. Los productos empanados del pescado no hay que descongelarlos, se fríen directamente.

- Prepare los pescados enteros, quitándole las escamas y sacando los órganos internos del abdomen.
- Las espinas se sacan con pinzas específicas o unos alicates pequeños.
- Lava rápidamente los trozos y a continuación séquelos con papel.
- Para purgar las superficies y dar firmeza a las capas exteriores se sala el pescado 5 minutos, se quita la sal con agua o frotando y se seca bien antes de cocinar.
- Para reducir sabores fuertes y secundarios se marinan brevemente en vino u otros líquidos ácidos. Aclarar bien y secar antes de cocinar.
- Para hacer raciones pulcras corta el pescado con el tamaño deseado (normalmente 100-150 g.) antes de cocinarlo. Después se corta con dificultad.
- Para acelerar la penetración del calor en un pescado entero grande y cocinarlo más uniformemente, se hacen cortes espaciados poco profundos en las zonas gruesas.
- Para obtener una piel crujiente se raspa repetidamente la piel con un cuchillo para eliminar la humedad, se cubre de sal y se refriera durante una hora o más. Se quita la sal y se seca bien el pescado antes cocinarlo. Las pieles de algunos peces, siluro, halibut, tiburón pez espada, son demasiado duras para comerlas con agrado.

La supervisión durante la elaboración de platos de pescado y marisco la debe realizar el jefe de cocina que es quien debe encargarse de custodiar todos los procesos de una cocina, ya sea durante las preelaboraciones o las elaboraciones. De este modo se alcanzará un resultado final óptimo.

Se trata de una **tarea de control** cuya finalidad es comprobar y vigilar que todas las actividades que se realizan en la cocina se ejecuten según lo previsto. Este control es imprescindible para salvaguardar la salud de los comensales y la calidad gastronómica del establecimiento.

Puede ocurrir que, si no existe una supervisión se puede cocinar una materia prima en mal estado y esto puede causar una intoxicación que haga peligrar la salud de los comensales. La responsabilidad de este acto caerá sobre quien tiene la dirección del establecimiento, es decir, el jefe de cocina.

Existen **dos mecanismos de supervisión** que se complementan y que son imprescindibles. Se explican a continuación:

- **Supervisión informal**: suelen llevarla a cabo los distintos departamentos de cocina, aunque en algunas ocasiones también se encarga el jefe de cocina. Esta supervisión permite que se corrija, advierta y asesore al personal cuando una tarea no se está realizando de manera correcta, por lo que se le deben dar unas pautas para mejorarla, generalmente a través de medidas correctivas. Un ejemplo de medida correctiva sería no dejar una elaboración durante más de una semana refrigerada porque podría contaminarse de bacterias, por ejemplo. También se puede evitar su deterioro conservándola siempre a la misma temperatura y evitando sacarla de la cámara frigorífica más veces de las necesarias. Una forma de garantizar que los procesos se lleven a cabo con normalidad es la adquisición de buenas prácticas.

- **Supervisión formal**: se registra a través de documentación y tiene que estar pautada. Esta supervisión garantiza que cualquier tarea cumple con las condiciones adecuadas y facilita que los procesos se rijan por un sistema de trazabilidad.

La documentación en la supervisión formal puede ser eficaz y al mismo tiempo una tarea un tanto tediosa. Los documentos que se utilizan en cada establecimiento dependen de sus dimensiones, sistema de trabajo y oferta gastronómica. Generalmente los establecimientos de grandes dimensiones trabajan con listas de verificación que pueden elaborarse en una aplicación ofimática como Excel.

Tareas de organización	Cumplida Sí/No		Medida correctora
Encendido de aparatos eléctricos (luces, hornos y parrillas)			
Encendido de las freidoras			
Extracción de los alimentos del congelador			
Colocación de los alimentos en las cámaras para su descongelación durante 24 horas			
Preelaboración de los alimentos			

6.1. Pre-elaboración de piezas de pescado y marisco siguiendo la normativa higiénico-sanitaria

Según el tipo de pescado realizaremos las siguientes **preelaboraciones**:

- **Desaletar**: retirar las aletas a un pescado con la ayuda de unas tijeras.
- **Desescamar**: retirar las escamas de un pescado cualquiera raspando la piel a la contra.
- **Eviscerar**: vaciar todas las vísceras.
- **Limpiar**: retirar las escamas que quedan pegadas, si es necesario pasando por agua el pescado.
- **Secar**: con papel o bayeta si se ha pasado por agua.

Recuerda que los **cortes más habituales** son:

- **Trancha**: es el corte vertical que comprende carne, piel y espina, para los pescados planos o semicilíndricos. Peso entre 200 a 250 g.
- **Rodaja**: sería lo mismo que la trancha, pero para los pescados cilíndricos. Peso entre 200 a 250 g.
- **Suprema**: corte de ración sin espina con o sin piel, aunque se puede obtener de todo el lomo del pescado lo adecuado es de la cola. Peso de 175 a 200 g.
- **Medallón**: corte en forma de gruesas galletas redondas, sin espina y piel, con peso de 50 a 75 g, según peso se ponen por ración 2 o 3 uds.

- **Lomo**: corte vertical sin espina de la parte alta del filete, solo de pescados cilíndricos o semicilíndricos. Peso de 175 a 200 g.
- **En libro o mariposa**: puede ir con o sin cabeza, con o sin espina y puede ser de una o más raciones.

Las buenas prácticas en una cocina deben llevarse a cabo durante todas las tareas que se desempeñan en una cocina (preelaboración, elaboración, conservación y regeneración).

Por tanto, el jefe de cocina debe supervisar uno a uno todos estos procesos:

- **Recepción de las materias primas**: especialmente debe controlar las temperaturas para evitar se rompa la cadena de frío y eso suponga un aumento de los límites críticos de la misma.

- **Almacenamiento de los productos**: los productos (ya sean en crudo o elaborados) deben contar con las condiciones adecuadas en cuanto a temperatura y humedad y en las zonas de almacenamiento deben estar separados en sus zonas correspondientes (economato, cámara frigorífica o de congelación). También debe controlarse que los productos almacenados cuenten con una rotación eficiente para evitar que se estropeen.

- **Manipulación de alimentos en crudo**: hay que lavar y desinfectar los vegetales, pescados y mariscos crudos. Las labores de corte deben realizarse en las superficies apropiadas para cada producto y los útiles deben estar en perfecto estado de limpieza y desinfección.

- **Higiene del personal manipulador**: limpieza frecuente de manos, higiene diaria y utilización correcta de los equipos de protección individual y la uniformidad.

- **Limpieza, desinfección y mantenimiento** de las **instalaciones**, superficies y equipos periódica y en función de las necesidades de cada uno de ellos.

 **Importante**

Los productos elaborados que se van a congelar o envasar al vacío deben incluir una buena práctica en el abatimiento de la temperatura para evitar que sufran contaminaciones bacterianas.

7. Aplicación del método de cocinado adecuado para elaborar platos de pescado y mariscos

Existen elaboraciones que están tomando cierta popularidad, en las que el pescado se consume crudo (previamente congelado), como es el caso del sushi o el ceviche, aunque generalmente tanto el pescado como el marisco se consumen cocinados. En este punto se van a tratar las formas de cocción de ambos y diferentes elaboraciones.

Antes de tratar las técnicas de cocción del pescado conviene tener en cuenta algunos aspectos acerca de las características de esta materia prima para poder aplicar la técnica de cocción apropiada a cada pieza.

7.1. Métodos de cocinado adecuados para elaborar platos de pescado y mariscos

La cocción del pescado debe ser más corta y suave, porque contiene menos colágeno que la carne. Una cocción incorrecta puede convertir una pieza de calidad y gran sabor, en una elaboración insípida y seca. Por el contrario, si se cocina de forma correcta (sin un exceso de coagulación de las proteínas, procurando dejar la carne jugosa) el resultado será el deseado. Conviene que el interior del pescado no supere los 70ºC de temperatura ya que es cuando su carne empieza a volverse áspera y reseca.

Las **técnicas** utilizadas para la elaboración del pescado son las siguientes:

- **Cocido o hervido**: el pescado cocido o hervido se realiza introduciendo el pescado en una olla o rondón con agua o fumet hirviendo. La cocción debe ser lenta y breve para que quede jugoso. En el caso de cocerlo en un fumet se prepara con verduras (ajo, cebolla o puerro, y zanahoria) cociendo todo a fuego medio, el tiempo de cocción variará dependiendo del tamaño de la pieza. Tras retirar la espuma producida, se obtiene un caldo concentrado. Se introduce el pescado en ese caldo y se cuece lentamente.

- **En caldo corto**: se sumerge el pescado en un cazo o rondón en agua con un poco de sal y vinagre o zumo de limón (en algunas piezas), hortalizas, bouquet garní y granos de pimienta. En este tipo de cocción debe evitarse la ebullición y su tiempo de cocinado debe ser de 15 minutos por kilo de pescado, aumentando 5 minutos por cada kilo de pescado suplementario. Para realizar este tipo de cocciones los utensilios que se van a utilizar son marmitas, medias marmitas, rondones y arañas o espumaderas.

- **Frito**: el pescado se cuece en abundante aceite caliente. Si se enharina, reboza o empana, se crea una costra superficial que permite reducir la pérdida de nutrientes y hacer que el pescado quede jugoso. Es aconsejable utilizar aceite de oliva, ya que no se altera con facilidad cuando se le somete a altas temperaturas. Aunque dicho aceite debe estar limpio y no haberse reutilizado demasiado en otras elaboraciones. Una vez frito el pescado, tiene que escurrirse bien para evitar que la pieza frita albergue demasiado de aceite. Un pescado que haya absorbido poco aceite durante su elaboración, también queda más crujiente, es más ligero y resulta más fácil de digerir.

Fig. 9. Pescado frito con patatas

- **Salteado**: el pescado y otros ingredientes (crudos o cocinados; ajo, cebolla o puerro, pimientos, etc.) se cuecen a pasan por la sartén a fuego vivo, utilizando poca cantidad de aceite.

- **Confitado**: la porción de pescado se sumerge en un elemento graso (preferiblemente aceite de oliva), sometiéndolo a una temperatura constante de entre 60-70 ºC, hasta que se cocina por completo. Con esta técnica el pescado queda jugoso y no absorbe grasa. El aceite de confitar se suele aromatizar con hierbas frescas o secas (tomillo, orégano, laurel, etc.). Para poder realizar este tipo de cocción en grasa se van a utilizar los siguientes utensilios: sartén o parisien con cestillo para freír, cazo francés, rondón o media marmita para confitar y una araña o espumadera. Para saltear se necesitará una sartén y una espumadera. Para freír también puede utilizarse un equipo de calor llamado freidora.

- **Asado a la plancha**: el pescado se cocina a una temperatura elevada sobre una plancha o sartén que recibe calor. Este tipo de elaboración apenas necesita aceite ya que durante su cocción se produce una coagulación rápida de las proteínas de la carne que evita la salida de agua y otros nutrientes del pescado. A la plancha quedan muy bien filetes y rodajas de pescado de cualquier tipo y es la técnica más indicada para los pescados más grasos. Los utensilios utilizados para asar a la plancha es una espátula y una sartén. También se puede utilizar un equipo de calor llamado plancha.

- **Asado a la parrilla**: el pescado se cuece a una temperatura elevada sobre una parrilla colocada a cierta distancia del foco de calor (que suelen ser brasas). Adquiere un aroma, un sabor y una consistencia agradables. Los pescados azules al ser más grasientos como las sardinas, anchoas y trucha resultan muy suculentos preparados de esta forma. Los utensilios para llevar a cabo esta cocción es una espátula y una rejilla para parrilla. El equipo de calor que se utilizará será una parrilla.

- **Cocido al horno y/o gratinado**: para el pescado conviene emplear un horno de convección-vapor. Se emplea sobre todo para piezas (rodajas, filetes gruesos) o pescados medianos y grandes. Es recomendable que la temperatura interior del alimento no supere los 70 ºC para que quede en su punto. Esto se consigue con una temperatura del horno entre los 180 ºC y los 190 ºC. Las piezas o el pescado entero, antes de meterlas al horno, se tienen que untar con aceite para evitar que se resequen. Las piezas enteras se pueden abrir y rellenar. Algunos ejemplos son: trucha con champiñones, merluza rellena de cebolla, huevo duro y gambas, etc. Para mejorar el sabor se pueden utilizar hierbas y especias, ajo e incluso limón (que se introduce en las cavidades del pescado). Algunas piezas de pescado se napan con mahonesa y se gratinan, por ejemplo.

Los utensilios utilizados para cocer al horno deben ser una placa, bandeja o cazuela de barro que sea resistente a las altas temperaturas y que su material sea apto para uso alimentario. Además, para sacarlos del horno se necesitarán guantes específicos para prevenir quemaduras.

Fig. 10. Merluza gratinada

- **A la sal**: esta técnica es muy apropiada para pescados de ración o grandes piezas. El pescado entero, con sus vísceras y escamas, se introduce en una bandeja especial para horno y se cubre con sal marina y se rocía con un poco de agua para permitir la unión de la sal y facilitar la limpieza posterior de dicha sal en el pescado. Se hornea a una temperatura de unos 210 ºC, contabilizando aproximadamente 30 minutos por cada kilo de pescado. Hay que tener en cuenta que la sal retiene el calor, por lo que el pescado fuera del horno y cubierto aún con la sal continuará cociéndose. Los utensilios utilizados para realizar este tipo de cocción van a ser bandejas especiales para horno y un vaporizador de agua. El equipo de calor necesario va a ser el horno.

Recuerda

Ya se ha comentado que el pescado a la sal no se eviscera. El hecho de no limpiar el pescado antes de prepararlo se debe a que un pescado sin escamas ni vísceras absorbería más cantidad de sal y la pieza quedaría demasiado salada.

- **En costra**: suele aplicarse a pescados de ración, grandes piezas sin espinas y cortes en suprema. La técnica consiste en envolver con una masa (que puede ser hojaldre o masa quebrada) la pieza de pescado y adaptarla a la forma del mismo. Se pinta con huevo y se hornea hasta que la masa esté cocida y dorada. Esta técnica cuenta con el inconveniente de que el pescado comienza a cocerse antes que la pasta, por lo que queda bastante cocido. Los utensilios utilizados para realizar este tipo de cocción van a ser bandejas especiales para horno y brocha para pintar con huevo. El equipo de calor necesario va a ser el horno.

- **Vapor**: se realiza en un cestillo de cocción al vapor. Se pone cierta cantidad de agua en la cazuela, sin que llegue a tocar el fondo del cestillo. En la cesta se colocan el pescado y, si se desea, otros ingredientes como verduras que, gracias al vapor que desprende el agua al hervir, se cocinan en su conjunto.

- **Papillote**: esta técnica consiste en envolver el pescado sin espinas en papel resistente al calor o en hojas de vegetales (vid, plátano, col, etc.) ligeramente engrasadas y se introduce en una bandeja especial para horno. El pescado se cuece en su propio jugo sin necesidad de añadir agua ni aceite. Al evitarse el contacto directo del de la fuente de calor sobre el alimento se reduce la pérdida de nutrientes.

La mejor técnica culinaria para **el marisco** es aquella que conserva su sabor a mar, tan característico. En el mercado se puede adquirir marisco vivo, fresco y congelado. Sea cual sea la elección, bien como entrante, plato en sí mismo, ingrediente o acompañamiento, este alimento cuenta con un enorme valor en el mercado.

- **A la plancha**: es un método utilizado en especial para crustáceos con cola. Para preparar los de gran de tamaño es recomendable partirlos por la mitad en vivo. Se comienza a cocinar por la parte de la cáscara. Combina bien con ácidos (vinagre, zumo de limón, etc.). Los utensilios necesarios son una sartén y unas pinzas. También puede utilizarse un equipo de calor llamado plancha en lugar de la sartén.

- **Cocido**: se realiza con agua de mar o bien agua corriente y sal marina, siendo la proporción idónea de 30-40 gramos de sal gorda marina por 1 litro de agua, a los que se les puede añadir algún elemento aromático (laurel, granos de pimienta, etc.). De esta manera se consigue que el marisco conserve después de su cocción su sabor y aroma a mar. También se puede realizar esta técnica con un caldo corto, empleando 35 gramos de sal por cada litro de agua.

Proceso

El tiempo de cocción del marisco varía según el tamaño de las piezas:

- Los mariscos pequeños (camarones, percebes, gambas, langostinos, cigalas) se echan en la olla con el agua hirviendo. Se sacan cuando el agua vuelva a hervir.
- Si son algo más grandes (langostinos, cigalas, cangrejos y nécoras pequeñas) se dejan aproximadamente 1 minuto una vez reiniciado el hervor.
- Las nécoras y cigalas más grandes se cuecen igual, pero se dejan de 3 a 5 minutos desde que el agua vuelve a hervir.
- Los mariscos de gran tamaño (centollos, bueyes, bogavantes y langostas) utilizan el mismo sistema de añadirlos en agua hirviendo. Cuando el agua vuelve a hervir se empieza a contar el tiempo. Los tiempos de cocción aproximados son los siguientes (por peso de cada pieza):
  - Para 500 gramos se deja cocer unos 10 minutos.
  - Para 1 kilo se deja cocer unos 15 minutos.
  - Para 1,5 kilos se deja cocer 20 minutos.
  - Para 2 kilos se deja cocer 25 minutos.

Para la cocción los utensilios necesarios van a ser un rondón o media marmita y una araña. El equipo de calor que puede utilizarse en sustitución al rondón es la vaporera.

Todos los mariscos tienen que sacarse rápidamente del agua una vez cocidos y enfriarse también rápido, colocándolos sobre la concha (con las patas hacia arriba) para que no pierdan el jugo si son grandes. Los mariscos pequeños se colocan extendidos. Se trata de que se enfríen lo más rápidamente posible. Se cubren con hielo para que la carne quede más prieta, se corte la cocción y se evite que el marisco se recueza. En frío, una vez cocidos sirven para elaborar cócteles, ensaladas o rellenos de ensaladilla.

Existe otra forma de cocción del marisco en agua hirviendo sin sal. Una vez cocidos se sumergen en agua helada salada. De esta forma se corta la cocción y el marisco absorbe únicamente la sal necesaria. Para ello los utensilios necesarios van a ser un bol y una araña.

- **A la parrilla**: se cocinan las piezas sazonadas sobre la parrilla a fuego fuerte. El sazonamiento debe ser generoso ya que de lo contrario pueden resultar algo insípidas. Los utensilios necesarios son una rejilla especial de parrilla y unas pinzas. El equipo de calor necesario para llevar a cabo esta cocción es la parrilla.

- **Salteado**: esta técnica generalmente se aplica a crustáceos pelados (aunque algunas veces no se les retira la cáscara), que se pueden aromatizar con licores, hierbas aromáticas, etc. Para el salteado generalmente el utensilio que se emplea es una sartén y una espátula o rasera.

- **Frito**: normalmente pueden empanarse o enharinarse o se envuelven con una pasta para freír (orly, tempura, etc.), y se sumergen en aceite muy caliente. que puede empanarse o simplemente enharinarse. Los utensilios utilizados son una parisien y una araña o un equipo de calor como la freidora.

Fig. 11. Langostinos a la parrilla

7.2. Elaboraciones de pescado y marisco

A continuación, se va a explicar el proceso de elaboración de algunas **piezas de pescado** utilizando las diferentes formas de cocinado.

A. Merluza en caldo corto	

Ingredientes 4 pax	Cantidad
Rodajas de merluza sin espinas	8 unidades
Zanahorias	2 unidades
Puerro	1 unidad
Patatas	2 unidades
Apio	1 rama
Pimienta negra molida y sal	1 cucharada de cada una
Zumo de limón	Media unidad

Las rodajas se sumergen una olla con agua, sal y el zumo de limón, así como las hortalizas cortadas en juliana y los y granos de pimienta. Hay que cocinar todo durante 15 minutos aproximadamente y se deja hirviendo a fuego lento hasta que se cocinen todos los ingredientes.

B. Trucha frita al roquefort	

Ingredientes 6 pax	Cantidad
Truchas enteras limpias	6 unidades
Queso roquefort	100 gramos
Mantequilla	100 gramos
Aceite	50 mililitros
Nata líquida	500 mililitros
Salmón ahumado	6 lonchas
Sal	Una cucharada
Harina	La necesaria para enharinar las truchas

Hay que comenzar derritiendo la mantequilla en la sartén y a continuación añadir el aceite de oliva para freír las truchas, que previamente se han pasado por harina. Una vez fritas se reservan en una fuente y en la sartén se prepara la salsa con la mantequilla de freír, el queso y la nata hasta que reduzca ligeramente. Después se cuela y se añade a las truchas para naparlas. Se coloca encima de cada una de ellas una loncha de salmón ahumado. Este plato puede guarnecerse con patatas al vapor con perejil.

C. Dorada al vapor con hinojo

Ingredientes 2 pax	Cantidad
Una dorada de ración entera	600 gramos
Tomillo	1 rama
Perejil	1 rama
Hinojo	150 gramos
Zanahoria	40 gramos
Apio	50 gramos
Mantequilla	60 gramos
Sal y pimienta	Una cucharada de cada una

La pieza de dorada se sazona con sal y pimienta y se le introducen en el vientre limpio una ramita de perejil y otra de tomillo. Se colocan las verduras (cortadas en juliana fina) en la base de la vaporera y se vuelve a sazonar todo. Finalmente se colocar el pescado sobre estas y se coloca la mantequilla en dados. Se cuece al vapor unos 15 minutos.

D. Lubinas braseadas al horno

Ingredientes 6 pax	Cantidad
Lubinas de ración	6 unidades
Zanahoria	150 gramos
Puerro	250 gramos
Apio	1 rama
Cebolla	150 gramos
Mantequilla	200 gramos
Vino blanco	250 mililitros
Limones	3 unidades
Sal y pimienta blanca	1 cucharada de cada una

Se comienza preparando las lubinas, sazonándolas con sal y rociándolas con zumo de limón. En una placa de horno se derrite la mantequilla y se colocan las lubinas, dándoles la vuelta para que se impregnen de la mantequilla. La verdura se coloca encima (previamente cortada en juliana) y se introduce todo en el horno 10 minutos para que se dore, pero evitando que se queme la mantequilla. Después se añade el vino blanco y se va braseando 10 minutos más, regando de vez en cuando con el vino sobrante. Durante todo el proceso el horno debe estar a temperatura media para evitar que se seque el pescado. Una vez cocinado, el pescado se sirve acompañado de las hortalizas.

E. Bacalao a la Vizcaína

Ingredientes 6 pax	Cantidad
Lomos de bacalao desalado	6 unidades
Aceite de oliva	200 mililitros
Cebollas	6 unidades
Pimientos choriceros	10 unidades
Dientes de ajo	6 unidades
Sal	Una cucharada

Los pimientos choriceros se limpian de pepitas y se cuecen en una cazuela durante 10 minutos para hidratarlos. Se escurren, se les retira la carne y se reserva. A continuación, en un recipiente con el aceite se rehogan los ajos y se baja el fuego para confitar el bacalao que se debe cocer durante unos 4 minutos (2 por cada lado). Una vez confitado se reserva. Se vuelve a calentar el aceite para rehogar las cebollas cortadas en juliana hasta que queden tiernas. Después se añade la carne de los pimientos y se cocina todo durante 8 o 10 minutos. Todo esto se ligará triturándolo y será la salsa del bacalao. Finalmente se da una última cocción a la salsa con los lomos durante 5-6 minutos a fuego medio.

 **Saber más**

Pax en una receta significa personas a la mesa. Es un concepto que deriva del inglés, concretamente de la expresión "person at table". En principio se escribía como sus siglas (PAT) pero debido a la ambigüedad de los caracteres (T que era confundida con X), acabó tomando la acepción con la que se conoce en la actualidad.

A continuación, se va a explicar el proceso de elaboración de algunas piezas de marisco utilizando las diferentes formas de cocinado.

A. Langosta a la americana

Ingredientes 8 pax	Cantidad
Langosta	8 piezas pequeñas
Aceite	250 mililitros
Mantequilla	200 gramos
Chalota	100 gramos
Ajo	1 diente
Brandy	100 mililitros
Vino blanco	500 mililitros
Tomates limpios	1 kilo
Perejil	Un puñado
Sal y pimienta de cayena	1 cucharada de cada una

Los trozos de langosta previamente sazonados se saltean en el aceite unos 5 minutos. Después se retira el aceite y se incorporan 50 gramos de mantequilla, la chalota y el ajo y se rehoga todo. Se hace un flambeado con el brandy y se incorpora el vino blanco, los tomates y un poco de cayena. Se deja cocer todo tapado aproximadamente 20 minutos. El coral que han soltado las langostas se mezcla con la mantequilla restante, ligándolo todo. Los trozos de langosta se colocan en una fuente y se deja reducir la salsa destapada, se añade la mantequilla con el coral y se añade el perejil. La langosta se napa con la salsa y se añade más perejil por encima para decorar.

B. Almejas a la marinera

Ingredientes 4 pax	Cantidad
Almejas	1 kilo
Agua	250 mililitros
Cebolla	150 gramos
Ajos	2 dientes
Tomate	250 gramos
Laurel	1 hoja
Vino blanco	100 mililitros
Harina	1 cucharada
Perejil	1 manojo
Guindilla	Media unidad
Azafrán	10 hebras

La cebolla y el ajo, picados finamente, se rehogan sin que lleguen a tomar color. Se añade la harina y se rehoga. Se incorpora el tomate y se deja 5 minutos cociendo. Se añade el caldo de haber cocido antes las almejas (colado), la guindilla, el laurel, la sal y el azafrán y se deja cocer todo 10 minutos. Se añade finalmente el perejil picado. Se colocan las almejas en cazuela de barro y se cubren con la salsa. Se cuece todo 5 minutos más.

C. Mejillones villeroy al curry (6 pax)

Ingredientes 6 pax	Cantidad
Mejillones	1250 gramos
Vino blanco	100 mililitros
Agua	2 litros
Laurel	1 hoja
Pan rallado, harina y huevo batido	Lo necesario para empanar
Leche caliente	250 mililitros
Caldo de cocción	250 mililitros
Cebolla	75 gramos
Mantequilla	75 gramos
Harina	70 gramos
Curry, sal y pimienta	Una cucharada de cada uno

Hay que comenzar cociendo los mejillones con el agua, el vino y el laurel. Se sacan de las cáscaras (que se reservan) y se pican. Las cáscaras y el líquido de cocción se reservan.

Después se elabora la bechamel en la que se debe rehogar la cebolla y el polvo de curry con la harina, se moja con la leche y el caldo de cocción caliente. Se añaden mejillones picados. Las cáscaras reservadas se rellenan con la bechamel, se dejan enfriar y se empanan. Al momento de servir se fríen en abundante aceite.

D. Chipirones en su tinta	

Ingredientes 6 pax	Cantidad
Chipirones	1250 gramos
Pan frito	50 gramos
Dientes de ajo	2 unidades
Vino tinto	250 mililitros
Laurel	1 hoja
Perejil	2 ramas
Tomate	250 gramos
Cebolla	500 gramos
Aceite	100 mililitros
Sal y pimienta negra	1 cucharada de cada una

Rehogar muy despacio, la cebolla, el ajo hasta que estén blandos sin que lleguen a tomar color. Añadir a continuación el tomate troceado y sin pepitas, el laurel, el perejil, el vino y el pan y se deja cocer todo una media hora. Tamizar la salsa resultante y añadir la tinta de los chipirones disuelta en agua fría, sazonar con la pimienta y la sal. Saltear los chipirones limpios y con las patas dentro y colocar en cazuela de barro. Cubrir con la salsa y cocer a fuego muy lento 15 minutos. Esta elaboración puede guarnecerse con arroz blanco.

8. Aprendizaje del rendimiento del pescado y marisco para elaborar una receta

El rendimiento del pescado y marisco se refiere a la cantidad neta de producto utilizable tras limpiar y preparar el ingrediente crudo. Es un aspecto clave en la planificación de recetas, ya que permite calcular la cantidad de materia prima necesaria para obtener la cantidad final deseada de cada ingrediente en una receta.

8.1. Rendimiento del pescado y marisco para elaborar una receta

Un desglose general del rendimiento de algunos pescados y mariscos comunes:

A. Rendimiento del pescado

El rendimiento del pescado es el siguiente:

- **Pescado entero:** Cuando se compra pescado entero, después de desescamar, quitar las vísceras, la cabeza y las espinas, el rendimiento neto suele estar entre el 40-60% del peso total.
- **Filetes de pescado:** Los filetes de pescado ya limpios tienen un rendimiento cercano al 80-90%, ya que solo se pierde una pequeña cantidad al retirar posibles pieles o imperfecciones.

 Ejemplo

Ejemplos:
- **Salmón:** Rinde aproximadamente un 55-60% cuando se compra entero.
- **Merluza:** Rinde cerca del 50% en su forma entera.
- **Lenguado:** Tiene un rendimiento cercano al 45-50%.

B. Rendimiento del marisco

El rendimiento del marisco es el siguiente:

- **Camarones o gambas:** Con cáscara y cabeza, el rendimiento es del 40-45%, ya que se pierden las cáscaras y las cabezas.
- **Langosta:** El rendimiento suele ser más bajo, alrededor del 25-30%, ya que las conchas son muy pesadas.

- **Mejillones:** Después de abrirlos y extraer la carne, el rendimiento es del 30-35% del peso total en concha.
- **Pulpo:** El rendimiento después de cocerlo es del 55-60%.

Algunas consideraciones al elaborar una receta son las siguientes:

- **Compra suficiente materia prima:** Al calcular las cantidades, ten en cuenta que deberás comprar más pescado o marisco del que necesitas en peso final, considerando las pérdidas por limpieza.
- **Calidad del producto:** Pescados y mariscos frescos tendrán un mejor rendimiento que productos congelados o ya procesados, que pueden perder más humedad.
- **Método de cocción:** Algunos métodos, como el asado o la cocción, pueden hacer que el pescado o marisco pierdan peso adicional debido a la evaporación de agua.

Ejemplo

Por ejemplo, si una receta requiere 500 gramos de filetes de salmón, y el rendimiento de un salmón entero es del 55%, necesitarías comprar aproximadamente 910 gramos de salmón entero.

Resumen

En la siguiente unidad se ha explicado todo lo referente a los pescados y mariscos desde el punto de vista culinario.

Al inicio se han presentado los diferentes tipos de pescados en función del nivel de grasa que contienen (blancos, semigrasos y azules). El marisco es de dos tipos ya que lo componen los moluscos y crustáceos. También se ha explicado cómo deben preelaborarse realizando una limpieza (limpieza de aletas, escamado, eviscerado, etc.) que debe hacerse en frío y en una zona específica. Cada una de las piezas, ya porcionadas (filetes, tranchas, rodajas, etc.) o enteras (evisceradas o no) tiene una aplicación culinaria diferente. El marisco se puede pelar o no y algunos ejemplares de mayor tamaño como los calamares se pueden porcionar.

Tanto los pescados como los mariscos se pueden cocinar de diferentes formas (a la plancha, a la parrilla, salteados, hervidos, etc.). El tipo de cocinado dependerá de la pieza empleada y el resultado final que se desea.

Glosario

Bouquet garní

Expresión francesa que puede traducirse como "ramillete de hierbas". Generalmente se compone de laurel, perejil, tomillo o romero (en ocasiones apio con hojas) y se añade a distintos guisos y fondos de cocina.

Cocochas

Parte de la barbilla, cercana a las branquias, de algunos pescados que cuenta con mucha gelatina. Son muy famosas en la cocina del norte de España. En los últimos años ha aumentado su consumo y se han encarecido.

Juliana

Tipo de corte de verduras de forma longitudinal.

Mirepoix

Mezcla de hortalizas (zanahoria, apio y cebolla) que se cortan en dados pequeños que se utilizan para aromatizar guisos y fondos.

Popieta

Filete de pescado fino que se presenta enrollado en las elaboraciones

Trazabilidad

Herramienta de gestión de la calidad que identifica el origen y las distintas etapas de un proceso de producción que en este caso es la cocina de un establecimiento hostelero.

Ejercicios de autoevaluación

1. Los mejillones villeroy se realizan:

   a. En salsa.

   b. Empanados.

   c. Salteados.

2. ¿Cuál de los siguientes ingredientes no forma parte del bacalao a la vizcaína?

   a. Pimientos choriceros.

   b. Harina de maíz.

   c. Dientes de ajo.

3. El tiempo de cocción del marisco:

   a. No varía.

   b. Varía en función del número de patas de la pieza.

   c. Varía en función del tamaño de la pieza.

4. La cocción a la sal es muy apropiada:

   a. Para moluscos.

   b. Para pescados de ración.

   c. Para rodajas de pescado.

5. Para desescamar el pescado:

   a. Puede utilizarse un desescamador.

   b. Puede utilizarse un cuchillo no muy afilado.

   c. Ambas respuestas son correctas.

6. Los pescados vivos:

    a. Suelen venir de piscifactorías o granjas.

    b. Vienen de lagos.

    c. Vienen directamente de los ríos.

7. El cangrejo de mar:

    a. Se puede utilizar para realizar bisques.

    b. Se puede utilizas para sopas de mariscos.

    c. Ambas respuestas son correctas.

8. El pescado enlatado suele venir en:

    a. En sal.

    b. Escabeche.

    c. Ambas respuestas son correctas.

9. ¿Qué país cuenta con mayor producción de abadejo?

    a. Noruega.

    b. Chile.

    c. Islandia.

10.¿Cómo se comercializa el bogavante?

    a. Vivo.

    b. Congelado.

    c. Ambas respuestas son correctas.

Aplicaciones prácticas

Aplicación práctica 1. Pescado fresco

Esta aplicación práctica tiene como finalidad saber identificar la frescura y calidad de un pescado antes de proceder a su cocinado.

Has recibido unas lubinas de ración para el menú del día y el jefe de cocina te pide que compruebes si se encuentra o no en buen estado porque viene de otra provincia.

¿Sabrías identificar cuáles son las características fisiológicas que indican que un pescado es fresco?

Aplicación práctica 2. Cortes de pescado

Esta aplicación práctica tiene como finalidad conocer los diferentes cortes que se realizan a las piezas de pescado para diferentes elaboraciones.

Tienes que porcionar una serie de pescados: merluzas, besugos y lubinas. Cada pieza pesa entre 1 y 2 kilos y las vas a preparar para distintas elaboraciones, horno, parrilla, etc.

¿Podrías indicar qué tipos de corte o porcionado se pueden realizar a los pescados?

Ejercicio de evaluación final

1. Las listas de verificación de un proceso dentro de una cocina que pueden elaborarse en una aplicación ofimática como:

a. Excel.

b. Word.

c. PowerPoint.

2. Una parte muy apreciada de la merluza es:

a. Las cocochas.

b. Los ojos.

c. Las branquias.

3. El pescado en caldo corto puede llevar:

a. Vinagre.

b. Zumo de limón.

c. Ambas respuestas son correctas.

4. ¿Cuál de los siguientes ingredientes no forma parte de los chipirones en su tinta?

a. Vino tinto.

b. Laurel.

c. Apio.

5. Los mariscos pequeños deben cocerse:

a. Echándolos en la olla y dejándolos cocer aproximadamente 10 minutos.

b. Echándolos en la olla y dejándolos cocer aproximadamente 3 minutos.

c. Echándolos en la olla con agua hirviendo y dejándolos solo hasta que vuelva a hervir el agua, se deben sacar rápido.

6. El pescado a la plancha se hace muy bien dividido en:

a. Rodajas.

b. Filetes.

c. Ambas respuestas son correctas.

7. Las huevas de los pescados:

a. Se deben desechar porque saben muy amargos.

b. Hay que reservarlos para hacer algunas elaboraciones.

c. Los pescados no tienen huevas.

8. Las almejas a la marinera no llevan:

a. Guindilla.

b. Curry.

c. Azafrán.

9. Las lubinas braseadas al horno se hacen con:

a. Filetes.

b. Tranchas.

c. Lubinas de ración.

10.La dorada al vapor no puede cocer más de:

    a. 20 minutos.

    b. 15 minutos.

    c. 40 minutos.

11.Los medallones de pescado son rodajas con un peso de:

    a. 50 a 75 gramos.

    b. 100 a 150 gramos.

    c. 30 a 40 gramos.

12.La pluma de los cefalópodos:

    a. Hay que extraerla porque no es un elemento comestible.

    b. Se puede utilizar para ciertos guisos.

    c. Hay que dejarla para que la pieza no se desmorone.

13.El cuerpo de los crustáceos tambien se denomina:

    a. Cefalotórax.

    b. Opérculo.

    c. Crujitórax.

14.El pescado en papillote se cocina:

    a. Envuelto en papel resistente al calor.

    b. Al horno destapado.

    c. En una olla tapado.

15.¿Qué altura pueden alcanzar algunos ejemplares de calamar?

   a. 50 centímetros.
   b. 4 metros.
   c. 2 metros.

16.La cocción del pescado debe ser:

   a. Lenta y breve para que quede jugoso.
   b. Rápida, para que se sellen los jugos.
   c. Breve y alta para que se conserven los jugos.

17.El aceite más aconsejable para freír el pescado es el de:

   a. Girasol.
   b. Semillas.
   c. Oliva.

18.La trucha frita lleva una salsa con:

   a. Nata.
   b. Roquefort.
   c. Ambas respuestas son correctas.

19.El pescado confitado no debe superar una temperatura de más de:

   a. 100 ºC.
   b. 70 ºC.
   c. 90 ºC.

20. La adquisición de buenas prácticas en una cocina es un tipo de supervisión:

a. Formal.

b. Informal.

c. Documental.

Ejercicio de evaluación final

Solucionario

Módulo 1. Preparaciones culinarias a base de pescados y mariscos

1. b	**6.** a
2. b	**7.** c
3. c	**8.** b
4. b	**9.** a
5. c	**10.** c

Bibliografía

Textos electrónicos

INFOPESCA. *La pesca, el pescado y la alimentación* [En línea]. Dirección URL: <https://www.infopesca.org/sites/default/files/complemento/publilibreacceso/1595//M ANUAL-ALIMENTACION.pdf>

Legislación

Reglamento (CE) no 852/2004 del Parlamento Europeo y del Consejo, de 29 de abril de 2004, relativo a la higiene de los productos alimenticios.

Reglamento (CE) Nº 853/2004 del Parlamento Europeo y del Consejo, de 29 de abril de 2004, por el que se establecen normas específicas de higiene de los alimentos de origen animal.

Webgrafía

Cortes de pescado
https://blog.scoolinary.com/tipos-de-cortes-de-pescado-y-sus-usos-en-cocina

Peso y tamaño del pescado y del marisco
https://esenciadelmar.es/peso-pescado-marisco/

Tipos de mariscos
https://esenciadelmar.es/tipos-de-mariscos/

Bibliografía